글 **황진희**

누구나 마음 속에 아이가 삽니다.
자신의 감정을 스스럼없이 드러내는 아이들이 더욱 찬란하게 느껴지는 까닭이지요.
그 마음을 스쳐 지나치지 않고, 무릎 굽혀 눈 맞추는 사람이고 싶습니다.
〈부글부글 빨간불〉으로 감정을 수용하고 마음을 돌보는 시간을 가져보세요.
저서로는 〈좋아서 그런 건데〉, 〈그림책으로 펼치는 회복적 생활교육〉이 있습니다.

그림 **권혜상**

어린이와 동물, 자연을 사랑하는 직장인
아주 오랜만에 펜을 들어 그림을 그렸습니다.
동글동글 똑바른 모양과 뾰족하고 삐뚤빼뚤한 모양이 함께 캔버스를 채우듯이
다양한 감정을 우리 마음 속의 다채로움으로 바라봐주셨으면 합니다.
모든 아이들이 완벽하지 않아도 괜찮은 나를 마주할 수 있기를.

부글부글 빨간불

초판 1쇄 발행 2023년 7월 10일

글 | 황진희

그림 | 권혜상

발행인 | 최윤서

편집장 | 최형임

디자인 | 최수정

펴낸 곳 | (주)교육과실천

도서문의 | 02-2264-7775

인쇄 | 031-945-6554 두성 P&L

일원화 구입처 | 031-407-6368 ㈜태양서적

등록 | 2020년 2월 3일 제2020-000024호

주소 | 서울특별시 중구 창경궁로 18-1 동림비즈센터 505호

ISBN 979-11-91724-29-5 (77810)

값은 표지에 있습니다.

활동지 활용법
1. 네이버 밴드 가입
2. 검색창에서 [교육과실천] 검색
3. 해당 도서 활동지 내려받기
4. 활동지 출력 및 활용

※해당자료는 저작권 보호를 받으며 활동지 사용은 도서를 구매한 독자에 한하며 재전송 및 유통, 상업화를 금합니다.

부글부글 빨간 불

황진희 글, 권혜상 그림

마음에도 신호등이 있어요.
감정 신호등이지요

서아의 마음은 무슨 색일까요?

달리기 대회가 열렸어요.
**아무리 열심히 달려도
앞에 친구가 있어요.**

나만 빼고!

나랑 같이갈거지?
-서아

아무도 나에게 관심이 없는 것 같아요.

"오늘 기분은 어때?"
"최악이에요."
서아는 자신의 마음을 엄마에게 털어놓았어요.

"우리 서아, **질투가 났구나?** 그건 자연스러운 일이야."

"엄마도 저처럼 이랬던 적 있어요?"
"그럼, 엄마도 질투날 때가 있단다."

"할아버지, 할머니가 동생을 더 사랑한다고 느껴질 때 그랬어.

만약 서아가
'엄마보다 아빠를 더 사랑해요!' 라고 말하면
또 질투가 날 것 같아."
엄마의 말에 서아가 빙그레 미소 지어요.

"이모가 아주 큰 차를 샀을 때도
질투가 났어."

"그 차는 정말 넓거든.
차에 누울 수도 있고, 짐도 가득 실을 수 있어.
그 차만 있으면 어디든 갈 수 있을 것 같았지.
엄마는 그 차가 없어서 속상했단다."

뾰족한 눈!
친구를 째려봐요.

꼭 닫은 입!
아무 말도 하기 싫어요.

안 좋은 속!
멀미를 하는 것 같아요.

화나고 짜증 나요.
속상하고 슬플 때도 있어요.
이런 기분은 정말 싫어요!

"감정 신호등에 '빨간불'이 들어온 거야.
그럴 때는 잠시 멈춰서, 숨을 천천히 쉬어 봐.

그리고 네가 잘하는 것을 생각해봐.
달리기 말고 네가 잘하는 게 있을까?"

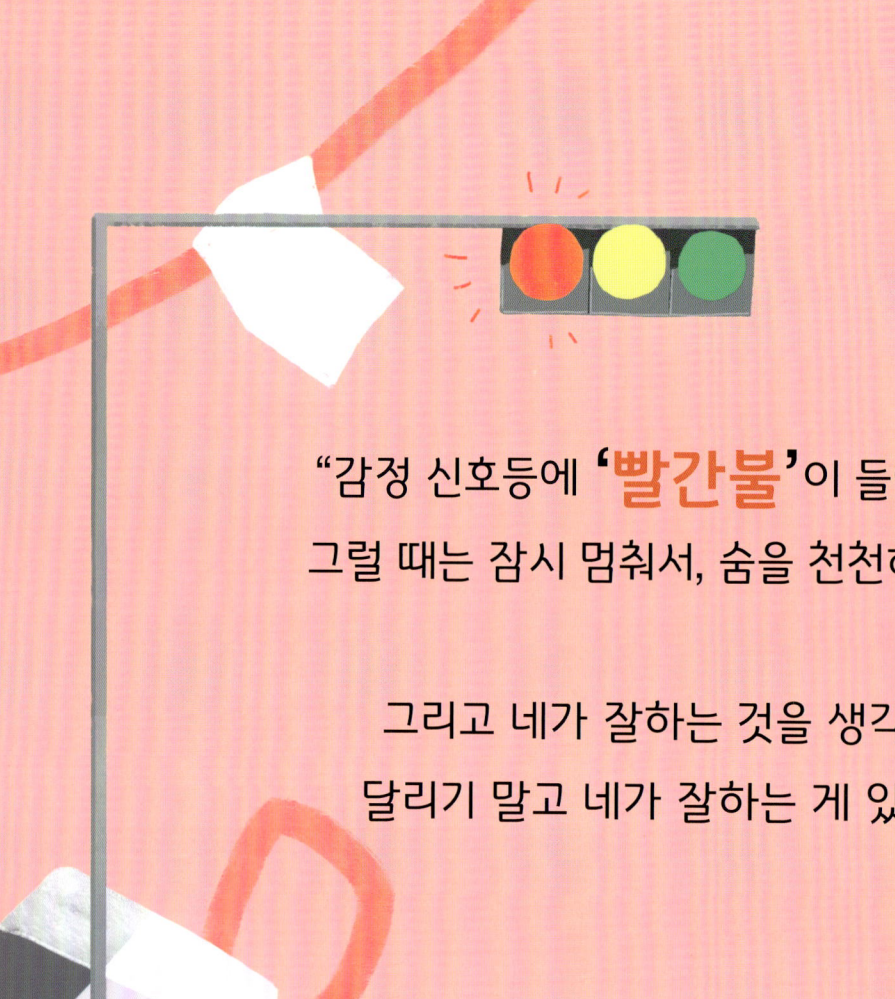

"저는 줄넘기를
아주 잘해요.
2단 뛰기도 할 수 있어요."

"그리고 발표도 잘해요.
우리 반에서 제가 제일 많이 발표할 걸요?
생각해 보니 저도 잘하는 게 많네요."

"서아가 느끼는 질투는
자연스러운 거야.
누구나 느끼는 감정이란다."

"다른 친구들이
너를 질투할 수도 있어."

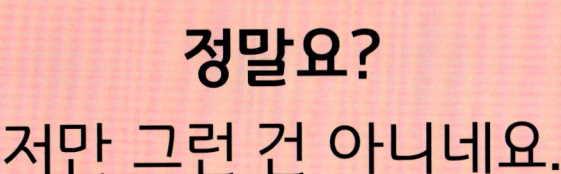

"질투가 날 때는 잠시 멈춰서
네가 가진 것을 생각해봐.
네가 소중히 여기는 게 있을까?
이 사진 앨범을 같이 볼까?"

"캠핑에 갔을 때예요!
이때를 떠올리면 지금도 신나요.
엄마, 아빠가 맛있는 고기를 구워줬어요.
같이 배드민턴도 쳤고요.
이 사진은 제 보물 1호예요."

서아는 씨~익 웃었어요.

서아는 입을 꾹 닫거나,

화를 내지 않았어요.

대신…

친구의 그림을 칭찬하고,
서아가 잘하는 발표를 했어요.

아이와 함께 나누는
감정 신호등 이야기

아이의 질투 살펴보기

1. 질투심은 주로 비교와 수치심에서 나옵니다. 아이의 삶의 범위가 '학교'로 넓어지면서 남과 자신을 '비교'하고 '질투'하는 것은 자연스러운 일입니다.

2. 소중한 사람의 사랑과 관심을 나눠야 할 때, 친구처럼 잘하려고 노력해도 안될 때, 아이가 질투로 괴로울 수 있음을 이해해주세요.

3. 질투에 반응하는 보호자의 태도가 아이에게 본보기가 됩니다.
   회피나 부정 대신, 감정을 있는 그대로 받아들이는 '존중'의 태도를 보여주세요.

4. 아이가 느끼는 질투심을 함께 들여다보고 대화합니다.
   질투를 수용하고, 바람직하게 해소하는 방법을 찾는 것이 중요합니다.
   질투심이 많고 자극에 예민한 아이에게는 '거리두기' 또한 방법이 될 수 있습니다.

5. 대화의 마지막에는 항상 아이를 향한 '애정'을 표현합니다.
   보호자와의 애정과 지지가 바탕이 될 때, 아이는 자기 자신은 물론 다른 사람의 모습까지 인정하고 사랑할 수 있습니다.

질투를 느끼는 아이와의 대화법

1. 부드러운 눈 맞춤과 차분한 태도로 질투에 빠진 아이를 안심시켜줍니다.
   "지금 네 마음은 어때? 엄마한테 말해도 괜찮아."
   "질투는 누구나 느끼는 감정이야, 자연스러운 일이란다."
   "못해도 괜찮아, 완벽하지 않아도 괜찮아. 뭐든 해보려는 네가 멋져."

2. 아이가 잘하는 것, 소중한 것을 떠올리며, 자기 자신에게 집중하도록 합니다.
   "너도 잘하는 것이 있어. 무엇을 잘하는지 떠올려 볼까?"
   "네게도 소중한 것이 있어. 어떤 게 있는지 주변을 살펴보자."

3. 존재를 인정하며 애정을 표현하고, 스스로를 사랑하도록 이끌어줍니다.
   "모든 사람은 그 사람만의 모습이 있어. 너는 이 세상에서 단 하나뿐인 존재란다. 엄마는 네 모습을 있는 그대로 사랑해. 지금의 네 모습도 있는 그대로 사랑해볼래?"

이런 말과 행동은 조심해주세요.

1. 질투심을 가볍게 치부하거나 외면하지 않습니다.
   "별 소리를 다하네.", "그런 걸로 그래?", 못 들은 척 하기 (×)
   → "그렇게 느낄 수도 있어", "엄마도 그런 적 있어." (○)

2. 질투의 원인을 아이의 부족함으로 돌리지 않습니다.
   "너도 쟤만큼 노력하면 되잖아." (×)
   → "저 친구는 저걸 잘하는구나. 너는 이걸 정말 잘하는데." (수용과 인정)